AF460205

NOTICE BIOGRAPHIQUE

SUR

M. L'ABBÉ FRANÇOIS-XAVIER

PIELLARD

Si quis in verbo non offendit, hic perfectus est vir.
(JAC. III, 2.)

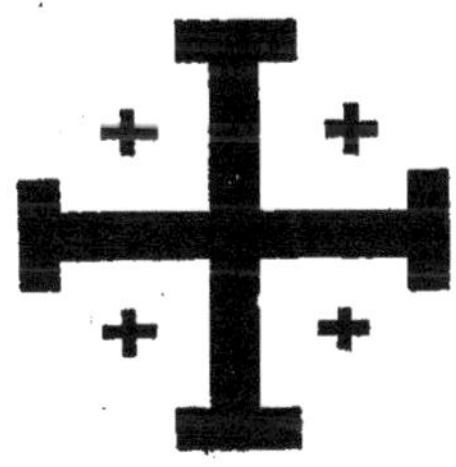

DIJON
IMPRIMERIE DE L'UNION TYPOGRAPHIQUE
DAMONGEOT ET Cie
40, rue Saint-Philibert, 40

1886

NOTICE BIOGRAPHIQUE

SUR

M. L'ABBÉ F.-X. PIELLARD

NOTICE BIOGRAPHIQUE

SUR

M. L'ABBÉ FRANÇOIS-XAVIER

PIELLARD

> Si quis in verbo non offendit, hic perfectus est vir.
>
> (JAC. III, 2.)

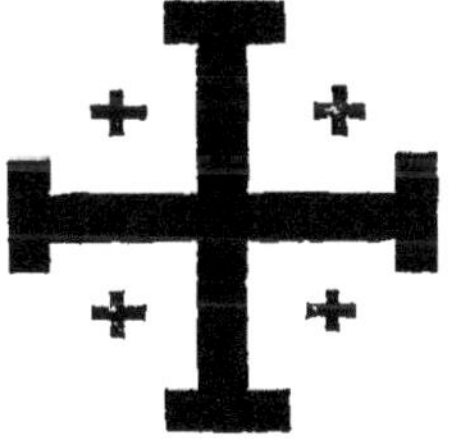

DIJON

IMPRIMERIE DE L'UNION TYPOGRAPHIQUE

DAMONGEOT ET Cie

40, rue Saint-Philibert, 40

—

1886

AUX NOMBREUX AMIS

AUX BIEN-AIMÉS PAROISSIENS

DE

M. L'ABBÉ F.-X. PIELLARD

DANS notre société contemporaine, plus encore qu'en aucun autre temps, les souvenirs passent vite; et il reste peu de traces, au bout de peu de jours, des meilleures vies et des plus honorées.

Pourtant, au milieu des tristesses de l'heure présente, à l'encontre de ce froid égoïsme qui a tout envahi pour tout gâter dans nos sociétés troublées, il est des cœurs de choix qui savent rester fidèles au souvenir de l'amitié et de la reconnaissance.

La tombe de M. l'abbé Piellard était à peine fermée, et déjà le sentiment d'un pieux devoir à remplir envers sa mémoire s'éveillait dans le cœur de ses amis.

Cette vie sacerdotale embaumée de tant de vertus, que la souffrance et la mort venaient de mettre en leur plus vive lumière, ne devait pas emporter avec elle tous ses parfums ; cette belle et gracieuse figure ne pouvait pas disparaître... on voulait la contempler encore...

Et vous avez demandé à l'humble disciple de vous en faire un portrait qui vous permît de la revoir avec bonheur ; je le sens, je serai bien au-dessous de ce que mérite cette pure et féconde existence et de ce qu'attendent vos cœurs ;

vous me le pardonnerez et votre reconnaissance achèvera cette esquisse imparfaite et tracée à la hâte, d'une vie si pleine de mérites.

L'abbé LAVIELLE.

CHAPITRE PREMIER

SA NAISSANCE. — SA FAMILLE. — SON ENFANCE. — SES PREMIÈRES ÉTUDES. — LE PETIT SÉMINAIRE.

I

RANÇOIS-XAVIER Piellard naquit le 3 décembre 1818 au petit village de Soissons, près de Pontailler-sur-Saône, et fut baptisé le jour même à Vielverge, où se trouvait alors l'église paroissiale.

Il eut le bonheur d'appartenir à l'une de ces familles chrétiennes et patriarcales, si rares aujourd'hui, dans l'esprit desquelles la religion et l'honneur occupent la première place. Son père, Joseph Piellard, et sa mère, Anne Dry, possédaient une petite maison et cultivaient le champ qu'ils avaient reçu de leurs ancêtres. Ils étaient pauvres, mais leur vie simple et laborieuse leur donnait encore quelque aisance, et ils pouvaient faire l'aumône à de plus pauvres qu'eux, suivant ainsi le conseil de Tobie : « Si vous avez beaucoup, donnez beaucoup ; si vous avez peu, ayez soin de donner de bon cœur de ce peu même. »

Huit enfants naquirent de leur union ; quatre d'entre eux se hâtèrent de monter vers les anges quelques jours seulement après leur naissance ; une petite Jeanne, douce et vertueuse comme sa mère, attendit pour quitter ce monde le beau jour de sa première communion ; les trois autres, François-Xavier, Jean-Baptiste, Anne, demeurèrent au foyer domestique pour faire oublier les premières séparations.

Dans une famille aussi privilégiée, François se développa rapidement et fit concevoir de bonne heure les plus belles espérances ; sa piété se révélait par des signes qui montraient en lui l'action déjà sensible de la grâce aidée par un riche fonds de qualités naturelles.

Dès sa première jeunesse, il parut à l'école primaire de Soissons avec les autres enfants du village. Son exactitude, sa bonne tenue, son application soutenue et régulière attirèrent aussitôt l'attention de son excellent maître qui aimait à le montrer comme un modèle.

Tant de vertus réunies dans un âge si tendre, étaient à n'en pas douter, une marque de particulière vocation.

Dieu, en effet, destinait le pieux enfant à la plus belle chose qui soit au monde, au ministère sacré du sacerdoce. Par une délicate attention de la Providence, François avait reçu en naissant une âme magnifiquement douée ; il avait trouvé dans le sang et dans l'éducation de parents chrétiens ces premiers germes de piété qui plus tard s'épanouiront avec éclat sur sa personne; une grâce nouvelle l'attendait encore : la présence du guide consacré, qui, de par Dieu, préside toujours ici-bas aux plus solennelles circonstances de la vie.

II

Si utiles, si précieuses qu'elles soient, la naissance d'un sang dès longtemps purifié dans la sainteté, la salutaire influence de parents chrétiens, ne sauraient, en effet, suffire pour former une âme sacerdotale. Aussi bien, par une nouvelle attention de sa Providence, Dieu qui avait donné à François des parents irréprochables, place également à côté de lui un prêtre selon son cœur.

M. l'abbé Durupt, vingt ans plus tard, dans son humble presbytère de Vielverge, continuait, ce semble, la noble tâche de ces généreux confesseurs de la foi, qui avaient échappé comme par miracle à la hache révolutionnaire, et qui, la paix une fois rendue à l'Eglise, travaillèrent avec tant de zèle et de succès au recrutement du sacerdoce.

François-Xavier Piellard fut un de ces enfants privilégiés qui reçurent du zélé pasteur de Vielverge, les premières leçons de la piété et de la science sacerdotale.

Ce digne prêtre avait bien des fois remarqué le jeune Piellard : au catéchisme surtout, François se distinguait par son air recueilli, par ses réponses où se manifestaient la sagacité de l'esprit et la fidélité de la mémoire.

M. Durupt vit bien quelle excellente nature la Providence lui mettait sous la main; il attirait parfois près de lui l'intéressant enfant, lui donnait de paternels conseils, encourageait ses premiers efforts dans la voie du bien, et c'est ainsi que tout d'abord et de loin, François-Xavier se sentit invinciblement attiré vers le sacerdoce. Bientôt le presbytère remplaça pour lui l'école du village ; au foyer paternel, il prenait ses frugals repas de chaque jour, il dormait son bon sommeil d'enfant, et puis il venait demander à M. le curé des leçons de français et de latin et faire connaissance auprès de lui avec Lhomond, Phèdre et Lucien. Dix-huit mois se passèrent ainsi, dix-huit mois pendant lesquels François-Xavier reçut en toute joie l'inappréciable bienfait d'une éducation chrétienne : déposées dans un esprit et dans un cœur d'élite, ces premières leçons de la piété et de la science s'y gravèrent profondément.

Cependant le moment était venu où l'esprit déjà cultivé de François réclamait cette nourriture plus solide, cette direction plus suivie dont l'éducation publique peut seule assurer pleinement le bienfait.

III

L'année scolaire 1834-35 amena François Xavier Piellard au Petit Séminaire de Plombières-lès-Dijon.

Dans ce favorable asile de la religion et des lettres, le nouvel élève développa les précieuses qualités que la nature et la grâce avaient mises en lui : il se montra dès lors ce qu'il fut toujours, un modèle de régularité et de fidélité à tous ses devoirs.

Tous les palmarès du Petit Séminaire attestent qu'il conserva toujours le premier rang dans sa classe : de sa quatrième à sa rhétorique, aux distributions de prix, plus de quarante nominations l'ont amené radieux sur l'estrade d'honneur.

Dans une de ces solennités si chères aux cœurs de tous, une dame étonnée de tant de proclamations réunies sur une seule tête, s'adressant à sa voisine : « quel est donc, lui dit-elle, ce François-Xavier Piellard qui emporte tout ? » — « C'est mon fils..., » répondit l'inconnue, avec cet orgueil timide qui sied si bien sur un visage de mère.

CHAPITRE II

LE GRAND SÉMINAIRE. — ORDINATIONS. — MONTBARD CRÉPAND. — NOGENT. — SAINT-REMY.

I

MONSIEUR PIELLARD touchait à l'âge d'homme : il entrait dans sa vingtième année. Il avait passé quatre ans à Plombières et à en juger par ce qui précède, il y avait fait, sous tous les rapports, de rapides progrès. Sa piété avait grandi avec son intelligence ; son imagination riche et gracieuse s'alliait à un jugement déjà sûr, et son heureux caractère offrait un agréable mélange de gravité et de franche gaieté qui le faisait aimer de tous, maîtres et condisciples.

C'est après ces brillants débuts qu'il entra au grand séminaire de Dijon, vivement sollicité par la grâce à suivre la carrière ecclésiastique.

Au témoignage de tous ceux qui l'ont connu, M. Piellard fut au grand séminaire un sujet de choix.

Un fait en est, d'ailleurs, une preuve incontestable.

Mgr Rivet, voulant selon l'usage alors en vigueur, récompenser les élèves de philosophie et de théologie qui s'étaient le plus distingués durant l'année, l'abbé Piellard fut un des lauréats.

Esprit fin, théologien de mérite, critique judicieux, littérateur de bon goût, il semblait réunir tout ce qui d'ordinaire attire l'attention ; mais aucune de ces qualités ne pût jamais lui faire perdre de vue la sainte humilité; il s'appliquait bien plutôt à passer inaperçu dans la foule. De plus, le jeune séminariste voulut que la vertu de charité devint désormais la compagne inséparable de sa vie. Dès cette époque, il se fit un devoir de ne jamais blesser en quoi que ce soit cette sainte vertu, et nous savons qu'il y fut toujours fidèle, parfois jusqu'à l'héroïsme.

Si durant les années de son grand séminaire, on rencontrait de temps en temps dans son langage, à l'adresse de ses condisciples, quelques traits aiguisés et fins, on peut dire que tout était toujours fait avec un esprit si convenable que ces innocentes moqueries ne blessaient jamais.

Du reste, plein d'amabilité pour tous, évitant toute fréquentation tant soit peu prétentieuse, aimant à se fondre avec les élèves réguliers et pieux, recherchant même ceux qui semblaient le moins richement dotés par la nature, il garda toujours ce naturel candide, cette réserve prudente, cette noble aisance qui lui allaient si bien : il était humble et petit, obligeant et charitable, mais avec un entrain charmant et une jovialité incomparable.

Que dire maintenant de sa piété ?

Nous savons qu'une conscience minutieuse faisait naître dans son esprit des craintes exagérées au sujet de sa vocation.

Dans le silence de sa retraite, il sonde scrupuleusement les profondeurs de son âme aux lueurs de la prière, pour bien pénétrer les vues de Dieu sur lui ; et quand la voix du ciel s'est fait plus clairement entendre, il s'applique avec toute la ténacité de son esprit, à acquérir les vertus du prêtre.

Une seule chose le préoccupe sans cesse : se rendre moins indigne d'élever plus tard dans ses mains la Victime sans tache. L'œil fixé sur ce but à atteindre, il marche à grands pas dans cette perfection du séminariste.

Pourquoi faut-il que retenu par cette réserve, cette trop grande défiance de soi-même que connaissent seules les âmes avides de perfection, il ait détruit, comme indignes de lui survivre, toutes les notes secrètes tracées de sa main sur cette époque de sa vie. Combien il nous serait doux de feuilleter ces pages pour y suivre la forte élaboration de son âme, avec quelle allégresse il prend le Seigneur pour son héritage et monte avec une vigueur joyeuse les degrés du sanctuaire.

Tonsuré le 28 juillet 1839, il reçut les deux premiers ordres mineurs le 27 mars 1841, et les deux autres, selon la coutume de cette époque, en même temps que le sous-diaconat. Quand vint pour lui le jour du redoutable pas, il ne se troubla point du grand et solennel engagement qu'il allait contracter. Il avait d'avance pesé à la balance de sa conscience et sous l'œil de Dieu, les responsabilités que cette démarche entraîne. Depuis longtemps, il s'était préparé pieusement et courageusement à cet acte qui décidait de toute sa vie de la terre et de son éternité.

C'est le 11 juillet 1841 qu'il s'engagea définitivement, par les liens du sous-diaconat, dans la milice de l'Eglise. Le 18 décembre de la même année, il fut promu au diaconat; et le 17 décembre 1842, le pontife étendait ses mains sur le jeune lévite... il était prêtre pour l'éternité!

Lui seul eût pu nous dire quelles furent en ce jour le plus solennel et le plus beau de sa vie, au jour plus touchant peut-être de sa première messe, les vives jouissances de son esprit et toutes les suaves émotions de son cœur. En montant à l'autel pour la première fois comme sacrificateur, son attitude trahissait la foi et l'amour qui débordaient de son âme. Sa mère agenouillée près de lui eût les prémices de son sacerdoce : elle fut la première à communier de sa main.

II

Les allégresses et les actions de grâces de cette fête se prolongèrent au foyer édifiant et aimé de la famille, où il pût, durant trois mois encore, abriter son heureuse existence; puis, la voix de Dieu par la bouche de son évêque, lui répéta la parole autrefois adressée à Abraham : « quitte la maison de ton père et viens dans la terre que je te montrerai. »

C'était en mars 1843. L'administration diocésaine eut, en même temps, à pourvoir d'un curé et d'un vicaire la ville de Montbard, agitée, divisée, montée au plus haut point de surexcitation.

Un prêtre ardent et zélé, M. l'abbé Clerc, alors curé-doyen de Pontailler-sur-Saône, fut jugé capable d'apaiser la tempête, et sa nomination fut résolue. Restait celle du vicaire ; le dernier était fort mal vu de la population et semblable attitude paraissait réservée au malheureux remplaçant.

M. Piellard fut désigné ; le choix était heureux pour la circonstance : l'abbé Piellard était de ceux chez qui le tact et la prudence n'attendent pas le nombre des années.

Mgr l'évêque, en donnant au nouveau curé et au nouveau vicaire une mission aussi difficile, ne voulut point leur laisser ignorer la situation qui leur était faite ; une paroisse à prendre d'assaut moralement et presque physiquement, une population fort mal disposée, prête à saisir et au besoin à faire naître un prétexte pour se soulever contre les nouveaux venus ; la gendarmerie de Montbard, renforcée de celle de Semur, chargée de maintenir l'ordre et de protéger le prêtre dans l'exercice de ses fonctions :

telle était, et nous ne disons pas tout, la tâche à accomplir, les obstacles à surmonter.

M. Clerc eut la gloire de les aplanir en très peu de temps. Au bout de quelques semaines, grâce à son extrême prudence et à sa modération, les esprits étaient gagnés, les préventions tombées ; à l'estime succéda bientôt l'admiration, puis la sympathie. Je dirai plus : il arriva un moment où la population de Montbard se montra aussi attachée à son curé qu'elle lui avait été hostile au début, et quand le bien-aimé pasteur eut reçu sa nomination à la cure de Notre-Dame de Beaune, il se fit alors au moment de quitter Montbard, une explosion d'affection qui alla presque jusqu'à l'émeute.

Tandis que M. Clerc achetait, pour ainsi dire, chacune des âmes qui lui étaient confiées par une série de bienfaits accumulés, son pieux vicaire remplissait un rôle plus humble peut-être aux yeux du monde, mais aussi grand aux regards de Dieu ; il se tenait en arrière, il s'effaçait complètement pour donner tout le relief au curé de la paroisse ; et cependant il lui eût été si facile et si doux de déployer, au milieu des difficultés présentes, le zèle dont il était animé pour le salut des âmes, cette brûlante activité alors dans toute la sève de sa première ardeur. Il ne le voulut pas : le rôle qu'il avait choisi, il l'accepta avec une humilité joyeuse, un tact exquis, une fidélité soutenue.

Ce fut seulement la troisième année de son vicariat qu'il se vit chargé d'un catéchisme.

Jusque-là, son ministère à Montbard s'était borné à dire la messe à l'hospice de la ville, et à y confesser de temps à autre deux ou trois malades ; de sorte qu'un jour, la supérieure des sœurs de l'hôpital, apercevant sur une chaise le chapeau du vicaire, put y lire, écrites en gros caractères sur une bande de papier placée au fond, ces paroles que dans son humeur toujours gaie, il avait choisies pour son enseigne : « Confesseur à louer à bon marché. »

M. Piellard cependant était loin de demeurer inactif. C'est à partir de cette époque, qu'il consacra spécialement ses loisirs à une intelligente culture de ses goûts artistiques.

Il perfectionna son rare talent musical, et commença cette vie si féconde de travail manuel qui a rempli la moitié de ses jours.

On bâtissait alors la première partie de la maison actuelle des dames Ursulines.

Le jeune vicaire, digne émule de M. Clerc, venait surveiller les ouvriers ; il les encourageait, et, doué lui-même d'une adresse merveilleuse pour la menuiserie et la sculpture, enveloppé d'un grand sarreau de lustrine noire qui protégeait sa soutane, il s'enfermait dans le petit cabinet situé au parc de l'établissement et qui servit de laboratoire à Buffon. Là, il confectionna la grille de communion de la chapelle et les moulures qui ornent les reliquaires et les boiseries.

En d'autres temps, il enseignait le plain-chant aux religieuses, apprenait des cantiques à leurs élèves, se mettait bien simplement au service de tous ses confrères voisins, qui pour leurs cérémonies religieuses, pouvaient à leur gré user et abuser de lui.

III

M. Piellard, pendant son vicariat, desservit le petit village de Crépand ; dans la suite, il fut encore chargé de la paroisse de Nogent devenue vacante.

C'est là qu'il aimait à donner un libre cours à son zèle. Là, du moins, il pouvait entièrement s'occuper des âmes, les convertir, les soutenir, les sauver. Il ne s'était fait prêtre que pour cela.

Réunissant à la fois dans sa personne toutes les distinctions du corps et de l'esprit, le jeune pasteur eut bien vite conquis les sympathies, puis l'affection, et l'admiration de tous ses paroissiens. Malgré son court séjour dans ces deux villages, aujourd'hui, à quarante années de distance, on m'assure que sa mémoire y reste vivante et en grande vénération.

IV

M. l'abbé Piellard fut appelé à la cure de Saint-Remy le 6 novembre 1847 et installé le 21 du même mois.

Il trouva dans sa nouvelle paroisse l'église matérielle et l'église spirituelle dans un état déplorable. Un digne prêtre (1), auquel il succédait, avait bien commencé à réparer les ruines qu'un demi-siècle avait amoncelées ; mais il ne fit que passer dans la paroisse, laissant à son successeur la presque totalité de l'œuvre à accomplir.

M. Piellard arrivait comme l'ouvrier du moment. Déjà connu d'une population qu'il savait sympathique, il n'hésita pas. Il entreprit d'abord de donner à la maison de Dieu la décence qui lui convient; puis il s'occupa sérieusement de ramener aux pratiques religieuses les âmes égarées. Aucun moyen ne fut épargné pour arriver à ce but, et M. Piellard fut, pendant une période de seize années, le modèle du bon prêtre, consumant son zèle au service de ses paroissiens, faisant toutes choses doucement, sans bruit et néanmoins avec succès.

Ce fut pendant le séjour de M. Piellard à Saint-Remy que commencèrent ses relations

(1) M. l'abbé Fauvelet, ancien curé-doyen de Sombernon.

pleines de charme avec les P. P. de Pontigny, voici à quelle occasion :

Le R. P. Boyer, supérieur, étant de passage à Saint-Remy, vint demander à M. le curé de la paroisse l'autorisation de célébrer la messe dans son église ; laissons-le parler.

« En arrivant à Saint-Remy, j'entre directement à l'église : M. Piellard achevait sa messe; il me reçoit avec son affabilité ordinaire... Après la messe, je vais lui faire une visite ; je vois dans une grande chambre un orgue en construction. —Vous êtes donc organiste et facteur d'orgues ? — Nous restaurons la belle église de Pontigny. Il y a un orgue magnifique comme l'église elle-même, mais en ruines comme elle; comme je serais heureux si vous vouliez vous charger de la restauration. Je n'ai pour l'église que les quelques fonds que l'on veut me donner, mais pour l'orgue je n'ai rien et je ne peux rien demander.— Bref, il est convenu qu'il aura un prêtre pour le remplacer à Saint-Remy pendant qu'il viendra mettre l'harmonie dans nos tuyaux, et qu'à un jour donné, je viendrai,

« dans une mission, chercher à mettre « l'harmonie dans les âmes. »

M. Piellard se rendit bientôt à Pontigny; il visita l'orgue. Ayant entendu ses jeux si doux, que l'église, qui fait l'effet d'un violon, adoucit encore, il se prit pour l'instrument d'un amour enthousiaste; et à partir de ce jour, il se dévoua à sa restauration avec un courage et une générosité admirables. Chaque année il y consacrait huit ou dix jours, ordinairement à l'époque des fêtes de saint Edme, qui ne se célébraient jamais sans lui : les PP. le considéraient comme un des leurs.

M. Piellard, cependant, ne perdait pas de vue ses chers paroissiens, auxquels il s'était profondément attaché. Il les visitait, il leur parlait en particulier comme en public, du suprême intérêt de leurs âmes; entre ses mains, Saint-Remy était devenu une paroisse modèle; pasteur et troupeau ne faisaient qu'un cœur et qu'une âme : c'était un père aimé au milieu d'une famille aimée.

Jalouse de récompenser ses mérites et de mettre à profit les précieuses qualités dont il avait déjà donné plus d'une preuve, l'administration diocésaine appela M. Piellard à la direction de l'importante paroisse de Laignes, devenue vacante par la nomination de M. l'abbé Grapin à l'archiprêtré de Semur.

Déjà, quelque temps auparavant, Mgr l'évêque avait offert à M. Piellard un poste brillant, mais sans le lui imposer ; le moment vint où Sa Grandeur dut insister en faisant appel à l'obéissance.

Une lettre datée du 16 octobre 1863 et adressée au R. P. Boyer était ainsi conçue :

Mon très honoré Père,

« Permettez-moi de confier à votre discré-
« tion et à votre charité mes appréhensions
« à l'endroit de M. l'abbé Piellard, curé de
« Saint-Remy, dont je veux *pour la seconde*
« *fois* faire un curé de canton. Ce bon abbé
« paraît peu disposé à se soumettre, et il m'a
« laissé entrevoir, il a même écrit à un de
« ses confrères qu'il préférerait se retirer à
« Pontigny. Assurément vous gagneriez là

« un bon religieux ; mais je ne puis consen-
« tir à ce départ qui me priverait d'un bon
« curé. Je viens de lui écrire que sa nomina-
« tion était en ce moment soumise à l'agré-
« ment de l'Empereur. Il est bien possible,
« qu'à cette nouvelle, il aille vous consulter.
« Quelle que confiance que j'aie en votre
« haute sagesse, j'ai pensé qu'il convenait
« de vous prier de faire comprendre à
« M. Piellard que ses craintes sont exagé-
« rées, et que sa désobéissance aux ordres
« réitérés de son évêque compromettrait sa
« conscience... *promitto obedientiam et reve-*
« *rentiam...* »

† FRANÇOIS, év. de Dijon.

Cette fois il fallut obéir, et M. Piellard s'inclina.

Cette soumission, exigée par l'obéissance, ne fut pas un des moindres sacrifices de sa vie, et tout en demeurant le prêtre soumis et respectueux, M. Piellard parût toujours garder de cette contrainte un fond de mélancolique tristesse. Dès le principe, cependant, sa foi vigoureuse avait facilement triomphé de tout; appuyé sur elle, il se rendit vaillamment au poste que son chef lui avait assigné sur le champ de bataille de l'Eglies.

CHAPITRE III

LA PAROISSE CURIALE DE LAIGNES. — ŒUVRES PAROISSIALES ET D'INTÉRÊT GÉNÉRAL. — RESTAURATION DE L'ÉGLISE.

I

L'INSTALLATION du nouveau doyen eut lieu le 26 novembre 1863.

Depuis longtemps déjà, on connaissait à Laignes le nom, les talents, les vertus de M. l'abbé Piellard ; quand on le vit à l'œuvre, il eut bien vite conquis toutes les sympathies.

Il avait alors l'aspect d'une vigoureuse jeunesse ; sa belle intelligence était dans tout son éclat. Sa parole accentuée, souvent poétique, toujours pleine de pensées, fit une vive impression sur cet auditoire plus éclairé et plus littéraire.

Les rapports les plus étroits lièrent bientôt le pasteur et les ouailles. Les âmes se confièrent sans réserve ; les cœurs s'ouvrirent spontanément, et les bourses elles-mêmes versèrent dans ses mains les offrandes les plus généreuses, à l'aide desquelles il a pu laisser, de son fécond passage à Laignes, des traces que notre histoire locale ne saurait pas plus manquer de signaler, que les cœurs ne pourront oublier son zèle et son dévouement.

Je n'entreprendrai pas de renfermer dans les bornes d'une simple notice, le récit détaillé des vingt-deux années de cette vie sacerdotale dont chaque journée fut si consciencieusement employée. Vivifiés par l'esprit de foi, toujours inspirés par le désir de procurer l'honneur de Jésus-Christ et l'extension de son règne dans les âmes, les labeurs de M. l'abbé Piellard dans la paroisse de Laignes se déroulent et s'enchaînent dans une régularité monotone, plutôt faite pour attirer les bénédictions de Dieu que l'attention des hommes.

Je veux toutefois donner une mention spéciale aux œuvres dues à sa piété.

II

Entrant profondément dans l'esprit de l'Église, M. Piellard comprenait les devoirs des Œuvres, l'union des forces, la puissance de l'association pour la cause de Dieu. Il n'était pas de ceux qui, au milieu des difficultés présentes, se laissent envahir par la tristesse découragée, celle qui cherche une excuse dans la parole sinistre : « il n'y a rien à faire. » C'est le contraire qui est vrai. Le bien peut toujours se faire, même dans ce siècle, dont il ne faut pas dire plus de mal qu'il ne le mérite; il suffit souvent d'une impulsion généreuse pour aller au succès. M. Piellard le comprenait ainsi, et nous allons voir germer ou s'épanouir sous la chaleur de ses exhortations, une foule d'œuvres paroissiales ou d'intérêt général qui ont toujours trouvé à Laignes une coopération généreuse.

Le zèle de son prédécesseur avait déjà établi dans la paroisse, la Propagation de la Foi, la Sainte-Enfance, la Congrégation des Enfants de Marie et l'Archiconfrérie du saint et immaculé Cœur de Marie pour la conversion des pécheurs.

M. Piellard imprima à ces différentes œuvres un mouvement de ferveur qui s'accentua d'années en années.

La Propagation de la Foi et la Sainte-Enfance étaient, dans son esprit, les Œuvres par excellence auxquelles tout catholique est, disait-il, tenu de concourir dans la mesure de ses forces. La privation du christianisme est, de toutes les infortunes, la plus grande ; aussi, le don de la foi est, de toutes les aumônes, la plus méritoire.

Mais la Congrégation des Enfants de Marie devint surtout l'objet particulier des soins et de la paternelle tendresse de M. le curé. L'aimable pasteur en présidait lui-même les réunions, où il laissait tomber de ses lèvres les conseils les plus entraînants et régulièrement suivis. Cette association a été un puissant moyen de régénération pour la paroisse, en donnant un grand nombre d'excellentes mères de famille solidement chrétiennes, et montrant l'exemple de la fidélité à tous les devoirs que la religion impose.

Parmi les Œuvres que M. Piellard fonda lui-même à Laignes, nous citerons l'Œuvre de Saint-François de Sales, celle de l'Adoption et l'Apostolat de la prière et de la réparation.

On comptait encore M. le curé de Laignes parmi les membres les plus zélés de l'Œuvre de Saint-Paul ou de l'Apostolat par la presse.

La diffusion des mauvais livres a pris de nos jours des proportions vraiment effrayantes. Le goût de la lecture s'est développé dans toutes les classes. Il y a là un danger auquel il faut parer, en mettant à la portée de tous, des écrits où la moralité soit protégée, et où les doctrines religieuses et sociales ne soient pas perverties.

Pour écarter les lectures malsaines, M. Piellard s'abonnait à différentes revues qu'il faisait circuler, telles que *Le Pèlerin*, le journal *La Croix*, *Les Messagers du Cœur de Jésus et du Cœur de Marie*, *Les Annales catholiques*, *les Annales de Lourdes*, *L'Union catholique*, *Les Paillettes d'or*, etc., etc... Il fut admirablement secondé dans cette Œuvre par des personnes pieuses, qui ont le mérite d'avoir contribué à rendre, sans se lasser jamais, des services appréciés.

Mais, après le soin des âmes, l'Œuvre capitale de M. Piellard fut la restauration de son église.

III

L'église de Laignes est, sans contredit, une des plus belles du Châtillonnais. Elle appartient dans l'histoire de l'art à deux époques bien caractérisées et bien différentes. Le roman du XIIe siècle a fait les nefs; la dernière époque de l'architecture ogivale tertiaire a élevé le double transept et le chœur.

Dans la partie ancienne, à l'extérieur, l'unique tour qui flanque le pied de l'édifice sur la partie du collatéral de droite, et qui conduit au comble ; les séries de modillons qui soutiennent les corniches ; à l'intérieur, aux trois nefs, les piliers carrés, cantonnés de colonnes portant presque toutes à leur base l'appendice décoratif de la griffe ; les arcades en tiers point ; la grande voûte d'arête perfectionnée ; les fenêtres étroites à plein cintre ; les chapiteaux couverts de nattes, d'entrelacs, d'enroulements, de feuillages, ou présentant la corbeille évasée, garnie de crochets : tous ces membres d'architecture retracent les caractères du style roman de transition avec une pureté qui plaira toujours aux amis de notre architecture sacrée.

La partie moderne, c'est-à-dire le double transept et le chœur, sont du gothique fleuri. Les nervures multipliées des voûtes, les formes flamboyantes des fenêtres, les colonnes dépourvues de chapitaux : tout concourt à caractériser l'époque que nous lui avons assignée.

Mais depuis longtemps l'édifice avait besoin de grandes réparations. Les siècles l'avaient détérioré ; les belles fenêtres ogivales étaient à moitié, ou complètement obstruées par d'insolentes maçonneries ; le badigeon, ce mortel ennemi de monuments antiques, enlevait aux ornements une partie de la grâce que le ciseau de l'ouvrier leur avait donnée ; des boiseries et un immense baldaquin encombraient le chœur ; toutes les restaurations inintelligentes du siècle dernier nuisaient à l'harmonie générale : l'église était mutilée. M. Piellard entreprit de la rendre à son ancien et primitif état.

Un fait, qu'il est utile de noter, devint le point de départ de cette œuvre admirable.

A l'époque de nos désastres de 1871, un vœu avait été fait au nom de la paroisse de Laignes, avec promesse d'offrir à l'église trois magnifiques verrières ; le vœu exaucé, la promesse devait être remplie : elle le fut, et bien au-delà de l'obligation contractée, car au lieu d'une restauration partielle, on visa celle de l'édifice.

Ce n'était certes pas une mince besogne ; aux yeux de M. le curé se dressait un obstacle presque insurmontable : les dépenses prévues se chiffraient par plusieurs dizaines de mille francs, et M. Piellard n'était pas quêteur ; mais la Providence y avait pourvu.

Un homme de foi, M. Anatole Gougenot, qu'il m'est permis de nommer puisqu'il n'est plus sur cette terre, consacra sans relâche sa verve d'écrivain et son âme de poète, à la tâche, toujours si difficile, de s'adresser à la charité publique. Il trouva, dans un de ses amis fidèles, un cœur battant à l'unisson du sien, et tous deux transformèrent généreusement leur demeure en ateliers épistolaires.

Cette forme de souscriptions charitables était alors peu usitée. Quel écho répondrait à cette tentative ? quel résultat allaient obtenir nos hardis quêteurs ? Leur foi ne fut point trompée. Bientôt chaque jour apporta des réponses et des offrandes en grand nombre. Après de longs et laborieux efforts, M. Anatole Gougenot et son pieux ami avaient pu réunir la somme énorme de 10,565 francs. Chaque année la Fabrique ajoutait à cette somme le fruit de ses épargnes ; les dépenses s'élevèrent à 20,743 fr.

M. Piellard tressaillait de joie. Puissamment secondé par d'intelligents ouvriers, il se met résolument à l'œuvre. Le plan, conçu par lui, est exécuté sous sa direction avec un bonheur qui passe toutes les espérances.

Il découvre à l'intérieur la pierre imposante et sévère que cache un insolent badigeon ; ramène à la lumière, par un grattage minutieux, les grandes lignes des nervures et la capricieuse sculpture des chapiteaux ; élève de nouveaux et riches autels dans les chapelles ; sculpte et pose lui-même les meneaux des fenêtres, qu'il orne de vitraux peints et historiés ; débarrasse le chœur des boiseries qui recouvrent les pilastres et cachent une piscine admirablement travaillée ; enlève l'informe baldaquin qui détruit toute harmonie ; rêve encore de nouvelles et importantes restaurations..... la mort l'arrête ; mais en moins de quinze ans il avait vengé cette belle église de Laignes, et des outrages du temps et de ceux, plus désolants et souvent plus irréparables, de cette armée de Vandales qui, au XVIIIe siècle, sous prétexte de bon goût, déshonorèrent nos monuments quand ils ne les mutilèrent point.

CHAPITRE IV

SES GOUTS ARTISTIQUES. — SES TRAVAUX MANUELS

I

Monsieur Piellard était né artiste. Il sentait vivement, il comprenait, il aimait les beautés littéraires, et dans le commerce de nos grands auteurs, il avait lui-même acquis une réelle distinction de style ; elle eut été plus souvent remarquée, si son humilité avait moins négligé ou même évité de la faire paraître.

Il cultivait de plus les langues et les littératures étrangères ; il avait pour cette étude une facilité incroyable.

Mais M. Piellard était surtout musicien

dans l'âme, et le plus immatériel des beaux-arts avaient pour lui les plus vifs attraits.

La nature l'avait doué d'une voix superbe, à laquelle s'unissait une parfaite connaissance de la science musicale naturellement acquise. Jeune encore, et sans savoir seulement lire la note, il jouait d'intuition, comme disent les artistes, ce qu'il avait une fois bien entendu, et l'on trouvait à son jeu quelque chose de moëlleux, de doux et d'expressif qui charmait.

Ce rare talent, cultivé avec ardeur, était devenu tel que M. Piellard pouvait indistinctement se servir de tous les instruments de musique « Si j'en connaissais un dont je ne sache pas jouer, disait-il, j'apprendrais aussitôt. »

Quand Mgr Delaplace, évêque de Pékin, vint à Pontigny, le 8 septembre 1869, pour voir ses anciens condisciples, M. Piellard fut invité à cette cordiale réunion. Il sut si bien plaire à l'illustre prélat par son talent musical et sa joyeuse humeur qu'il reçut plus tard, comme un gage de bon souvenir, toute une collection d'instruments de musique venant du fond de la Chine.

Dans une mission qui fut prêchée quelques années après, au village de Sennevoy, dans l'Yonne, M. le curé de Laignes sut employer une fois de plus à la gloire de Dieu son rare talent, mais avec des circonstances qu'il est utile de noter.

Pendant un long mois, il vint deux fois chaque semaine aux exercices, et toujours avec un instrument nouveau. Quand la série des instruments français eut été entendue, il se servit des instruments chinois.

L'enthousiasme fut à son comble ; on venait par centaines des pays voisins pour l'entendre. Très souvent, la foule, ne pouvant tenir dans l'église, refluait sur la place. Il fit le succès de la mission (1).

La musique, comme on le voit, ne fut jamais chez M. Piellard l'objet d'un plaisir oisif ; en ceci, comme en toutes choses, il se proposait surtout la gloire de Dieu.

C'était aussi un moyen de répandre autour

(1) Notes du P. Jannon.

de lui la joie et l'entrain; sa gaieté, toujours aimable et franche, s'harmonisait parfaitement avec son âme d'artiste, et quand dans un cercle intime se trouvait le curé de Laignes, on passait de joyeux instants : M. Piellard n'était plus seulement musicien, mais poète et chansonnier.

Tout le monde connait la chanson « du curé de Lucenay », mais combien ignorent que M. l'abbé Piellard en est l'auteur. A la vérité, c'est une plaisanterie, mais une plaisanterie de bon ton, et qui prouve, une fois de plus, que la bonne piété n'exclut pas toujours la gaieté, la joie, les douces récréations.

Si nous écrivions vingt ans plus tard, nous pourrions citer encore d'autres chansons de mérite, dues à la verve satirique de M. Piellard, mais dans la pensée de l'auteur, ces pièces ne devaient être connues que d'un petit nombre, et nous voulons, en admirant sa charité, respecter jusqu'à ses moindres désirs.

II

M. Piellard consacrait ses matinées à ses exercices de piété, à l'étude de la science sacrée, à des lectures instructives et à sa correspondance. L'après-midi se partageait entre la visite des malades et le travail manuel. On le voyait alors, revêtu de son grand sarreau de lustrine noire, façonner des meubles ou décors d'église, sculpter la pierre ou le bois, restaurer ou confectionner des instruments de musique, pouvant en ceci rivaliser avec les maîtres.

Trente ans de sa vie furent employés à la facture d'un orgue de cinq à six cents tuyaux, qu'il perfectionnait encore dans les derniers temps, mais qui malheureusement est resté inachevé. Cet orgue, qu'on eût aimé voir installé à Laignes, a été transporté au monastère des Sœurs de la Providence de Sens et restauré avec soin.

Le 27 février dernier, le R. P. Boyer célébrait dans cette communauté dont il est le vénéré supérieur, son jubilé sacerdotal. « Une bourse amie, dit la *Semaine religieuse* de Sens, lui avait offert un orgue, pour accompagner l'hymne de sa reconnaissance après cinquante années de bénédiction et de grâces. » L'orgue de M. Piellard était donc là, comme pour représenter l'ami et le frère à cette fête de famille, associant sa voix puissante aux acclamations enthousiastes dont le R. P. Boyer était l'objet, et qui eussent trouvé, sept mois avant, un si fidèle écho dans le cœur de M. le curé de Laignes.

CHAPITRE V.

SES RELATIONS EXTÉRIEURES. — MONTBARD. — PONTIGNY. — SES PÈLERINAGES.

I

Monsieur Piellard aimait les réunions pieuses. Son talent d'organiste, autant que sa voix remarquable, savaient, à toute fête, donner un air de solennité et d'allégresse. Aussi, pas une adoration perpétuelle, pas une cérémonie religieuse dans le doyenné de Laignes ou dans les cantons voisins, qui ne comptât M. Piellard parmi les premiers invités.

Ces sorties, parfois fréquentes, donnaient prise à la critique. M. Piellard ni ne s'en troublait ni ne s'en étonnait : son invincible dévouement ne cherchait d'autre témoignage que celui de sa conscience. Un jour, cependant, que les flots de la malveillance avaient dépassé toute mesure, sa délicate conscience s'alarma, et il s'en vint fidèlement consulter son évêque, qui, pour toute réponse, lui donna cette sympathique et approbative parole : « O mon cher ami, continuez. »

II

Les religieuses Ursulines de Montbard conservèrent en lui un protecteur très éclairé et toujours secourable. Il demeura jusqu'à la fin le vénéré directeur de la communauté, et s'acquittait de son devoir avec un zèle sans égal et un véritable bonheur. « Lorsqu'il fut curé de Saint-Remy, écrivent les sœurs, il arrivait à toutes nos fêtes, et même chaque jour du mois de Marie, quelque temps qu'il fît, pour apprendre, souvent pendant deux heures, des cantiques aux élèves et les leur faire exécuter au salut. Plus tard, devenu curé-doyen de Laignes, son dévouement fut toujours le même à notre égard, et pendant de longues années, nous avons été grandement édifiées de toutes ses vertus, particulièrement de sa charité, que tout le monde, du reste, a pu admirer. »

C'était pour M. Piellard un grand plaisir d'assister aux distributions de prix chez les Ursulines. Lui-même, de sa voix puissante, proclamait les noms des lauréats, et trouvait toujours le moyen de mêler à son récit une foule de bons mots tout étincelants d'esprit, tout pleins de joyeuse humeur, tout semés de fines et délicates allusions.

La mort de M. le curé de Laignes fut un grand deuil, et demeure une grande perte pour les Dames Ursulines de Montbard : elles ne se consolent qu'en pensant qu'elles ont un protecteur de plus auprès de Dieu.

III

C'est à Saint-Remy, nous l'avons vu, que le R. P. Boyer vit M. Piellard pour la première fois. Deux ou trois voyages à Pontigny suffirent pour établir entr'eux les relations d'une véritable amitié, basée sur une grande et mutuelle estime. Plusieurs fois, chaque année, M. Piellard passait quelques jours à Pontigny : il avait, comme le droit de cité, dans cette famille religieuse, qui le traitait comme un de ses membres.

« M. le doyen de Laignes était de toutes nos fêtes, écrit le P. Jannon. Les deux solennités de saint Edme surtout l'attiraient. Il aimait celle d'hiver (16 novembre) parce qu'il était ordinairement plus libre ; mais il savait souvent se gêner pour venir à celle d'été. Quittant sa paroisse après les offices de la Pentecôte, il se mettait en route pour Pontigny, souvent seul et à pied. Lorsqu'il arrivait, toutes les portes étaient fermées. Alors de petites pierres jetées discrètement à la fenêtre du père Curé, devaient l'avertir ; ou s'il tardait trop à donner signe de vie, les sons aigus du piston ou la voix grave de la basse, triomphaient bientôt de son sommeil. »

Durant les fêtes, M. Piellard tenait naturellement les grandes orgues. « Je l'ai vu quelquefois à l'orgue, dit le R. P. Boyer, ayant de la main gauche un cor harmonique, la main droite sur le clavier et frappant des pieds les pédales.

« Tous les pèlerins de saint Edme l'admiraient, et quand Mgr de Sens arrivait pour la fête du 16 novembre : « M. Piellard vient-il? » était sa première parole.

« La fête ne finissait pas avec les offices. Le soir, au salon de Monseigneur, M. Piellard procurait à la communauté et aux pèlerins, qui y étaient admis, une récréation pleine de charme et d'intérêt, par les chants comiques que sa belle et harmonieuse voix interprétait d'une manière si naturelle et si facile.

« Mgr de Sens et les évêques qui se trouvaient quelquefois à nos fêtes, l'avaient entendu avec tant de plaisir qu'au jour de la consécration de l'église de la Providence de Sens (31 août 1873), où il avait tenu l'harmonium et chanté comme de coutume, Sa Grandeur le pria de donner le soir de cette fête, ce que j'appellerai la récréation joyeuse et divertissante. »

M. Piellard s'exécutait toujours en ces

circonstances avec autant de simplicité que d'entrain. Sa gravité et son sérieux habituels faisaient place à la plus franche jovialité : c'est ce qui a donné lieu à cette parole souvent répétée : « M. le curé de Laignes, c'est M. le curé à Laignes et M. Piellard ailleurs. » Mais c'était surtout pour Pontigny que M. l'abbé Piellard réservait sa joyeuse humeur; les rapports intimes qui s'étaient établis entre lui et les Pères demeurèrent intacts jusqu'à sa mort.

IV

M. Piellard aimait les pèlerinages; parmi les pratiques de la dévotion chrétienne, disait-il, il n'en est pas de plus salutaires. Quelques années avant la guerre de 1870, M. le curé de Laignes, inspiré par son tendre amour pour la Sainte Vierge, fit le pèlerinage d'Einsiedlen; plus tard, étant aux eaux de Contrexeville, il fit celui de Mattaincourt, paroisse du B. Pierre Fourrier; plus tard, il se rendit au mont Saint-Michel, aux fêtes du 29 septembre. Mais ses deux plus beaux pèlerinages furent celui de Rome et surtout celui de Jérusalem.

« Il s'empressait, dit M. le chanoine Grapin, de prendre part à tous les efforts de l'esprit chrétien pour se manifester, soutenir la foi dans les âmes timides ou ébranlées, et résister aux tentatives que fait l'impiété pour prendre la direction du monde moderne. Il n'avait donc garde de manquer, en 1867, au rendez-vous, qui pour le centenaire de saint Pierre, avait conduit à Rome un nombre si prodigieux de pèlerins.

« Il ne pouvait non plus faire défaut à un pèlerinage plus grand encore et beaucoup plus fatigant. Il s'embarquait en mai 1882, sur la *Picardie*, qui avec la *Guadeloupe*, conduisaient en Terre-Sainte douze cents chrétiens, dont la foi et le zèle religieux rivalisaient dignement avec ceux des Croisés. Ce pèlerinage, appelé de pénitence, méritait éminemment ce nom ; car par suite de l'inexpérience dans une entreprise qui était la première, des privations et des fatigues au-dessus des forces ordinaires, éprouvèrent les pèlerins... » M. l'abbé Piellard avait alors 64 ans. Dans une de ces excursions périlleuses, réservées aux plus hardis, une chute terrible avait failli lui coûter la vie. Sa monture ayant faibli, il fut précipité sur une roche aiguë qui lui fit une profonde blessure; son sang coulait à flots, et comme on s'empressait autour de lui : « Oh! s'écria-t-il, laissez-moi mourir! » Dieu ne le permit pas, mais il revint exténué; ses parents et ses amis furent émus des ravages qu'avaient laissés sur ses traits ses excessives fatigues.

Si son corps fut meurtri, son âme enthousiaste remporta de ce voyage des souvenirs ineffables qui semblaient encore avoir agrandi son intelligence et embrasé son cœur; il avait visité ces grands monuments qu'il aimait tant, il s'était assis sur ces ruines immortelles, et surtout il avait vénéré les premiers sanctuaires du monde. Pour couronner toutes ces joies catholiques, il put offrir le saint Sacrifice dans l'humble et sainte grotte de la Nativité! Il ne se lassait pas de redire les émotions de ce pèlerinage dont le souvenir délicieux remplit de joie ses derniers jours... Dieu préparait ainsi le pèlerin de la Jérusalem terrestre au grand pèlerinage de la Jérusalem céleste.

CHAPITRE VI

SES DERNIÈRES ANNÉES. — SES DERNIERS MOMENTS ET SES DERNIÈRES PAROLES. — SA MORT. — SES FUNÉRAILLES.

I

MONSIEUR PIELLARD lutta longtemps contre le mal qui le minait sourdement; bien que ses forces se fussent affaiblies et qu'il ne marchât plus qu'avec peine, il se remit avec un zèle toujours jeune à ce labeur ininterrompu, dans lequel se dépensaient les unes après les autres, des journées, dont l'activité n'avait d'autre but que le service de Dieu et des âmes. Deux années se passèrent ainsi. En juillet 1884, il se sentit pris d'une fièvre violente; c'était à l'époque de l'inauguration du pèlerinage de Griselles. M. Piellard, malgré la fièvre qui le dévorait, ne voulut point nous priver de sa présence; on le vit alors la figure contractée par la douleur, les traits altérés, et néanmoins l'œil vif, l'air content, diriger tout, présider à tout. Il était heureux en contemplant la foule immense des pèlerins : « le succès, disait-il, dépasse mes espérances », et le dimanche suivant, il félicitait chaleureusement ses paroissiens de leur dévoué concours à ces fêtes d'inauguration.

Huit mois plus tard, pendant la semaine sainte de 85, il était à bout de forces. A ses premières infirmités vint s'ajouter une sciatique aiguë qui le fit horriblement souffrir; rien, cependant, ne fut changé dans ses habitudes. A demi courbé par la maladie, mais toujours revêtu, comme d'une armure, de cette force d'âme, de cette patience qui ne se démentaient jamais, il voulut tout faire et tout bien faire jusqu'au bout.

Le 16 juin, il présidait encore la fête de Saint-Vorles à Marcenay; nous le trouvâmes fatigué outre mesure ; contre son habitude et malgré nos efforts, il eut quelque peine à se dérider.

Le 17, il écrivait au R. P. Boyer la lettre suivante :

« Mon révérend et très-cher Père,

« C'est encore un service que je viens vous demander. Nous avons à Laignes les exercices de l'Adoration perpétuelle, les 17, 18 et 19 juillet prochain : or, un de vos Pères me serait singulièrement utile pour ces trois jours. Vous avez, je crois, votre retraite annuelle à peu près à cette époque ; aussi, je vous dirai tout simplement que pour peu que la chose vous soit difficile, je pourrai me tirer d'embarras autrement. Certainement, je préfèrerais de beaucoup un de vos pères, mais s'il y a difficulté de votre part, j'ai quelqu'un en vue qui pourrait, j'en suis à peu près sûr, me rendre le service que je réclame.

« Cela dit, je viens vous parler de moi-même, et ce n'est pas tout à fait gai. J'avais bien le projet d'aller cet été à Contrexeville. Sans éprouver de souffrances tant soit peu sérieuses, je sentais que les eaux m'étaient nécessaires à la suite de cette malheureuse sciatique qui m'a tourmenté pendant près de deux mois. Mais voilà que depuis trois semaines à peu près, je suis pris de douleurs que je ne connaissais pas encore : rien ne les calme .....J'en écris au médecin de Contrexeville, excellent homme et bon chrétien, et je lui demande ce qui pourrait calmer la douleur en attendant les eaux, et voici ce qu'il me répond : « Il ne faut pas venir à Contrexeville : ce serait un voyage et une dépense inutiles ; d'après les détails que vous me donnez, j'incline à croire que vous avez un *petit calcul*. Allez de ma part chez les Frères Saint-Jean de Dieu, et voyez le docteur Guyon, notre maître à tous, et excellent catholique, ce qui ne nuit pas à la science. Il vous dira clairement ce que vous avez ; et s'il doit vous faire l'extraction du calcul, ce sera simplement l'affaire d'une séance. » — Voilà ce que me dit l'excellent docteur Brongniard de Contrexeville ; je n'en suis du reste pas surpris, et j'avais déjà à peu près l'assurance que ce que j'éprouvais était causé par la présence d'un calcul. Seulement le cher docteur dit par euphonie un *petit calcul*, et je crois qu'il a peur de m'effrayer.

En conséquence, je mets un peu mes affaires en ordre, et lundi soir (22 juin) je pense partir pour Paris, et me rendre mardi, dès le matin, rue Oudinot n° 19 ; j'ai écrit au supérieur, et je trouverai une chambre à ma disposition.

J'avais bien raison de vous dire que ce n'était pas gai. Je suis du reste, ce me semble, plein de confiance et en même temps résigné à ce que le bon Dieu décidera de moi...

Croyez-moi bien, mon très cher et révérend Père,

Tout vôtre en N.-S.

F.-X. PIELLARD. »

Cinq jours après son arrivée à Paris, le 27 juin, M. le doyen m'écrivait ainsi :

« Mon cher abbé,

Me voici à l'avant-veille de l'opération. Le médecin a fait l'exploration et m'affirme que le calcul est petit et que l'opération sera extrêmement simple et facile. Les frères me disent aussi que ce ne sera qu'une petite opération, en comparaison de celles qu'ont subies plusieurs doyens dans la chambre même que j'occupe. Je n'ai guère l'air d'un malade, du reste : Je ris, mange, bois et dors comme si de rien n'était. J'avais d'abord pensé ne rien visiter à Paris ; mais l'abbé Fornerot (1), qui vient me voir tous les jours, n'est pas de cet avis, et nous faisons quelques courses : c'est si facile avec les omnibus et les tramways. Demain nous allons à la messe à Grenelle — fête patronale de la paroisse — grande musique — prési-

(1) Ancien vicaire de Laignes, aujourd'hui Lazariste.

dence du nonce ; le soir aux vêpres à Saint-Sulpice, pour entendre le plus grand orgue de Paris...

Je ne croyais pas qu'on me ferait attendre jusqu'à lundi pour l'opération ; mais il y a un traitement préparatoire, qui demande quelques jours et qu'il faut subir, bon gré mal gré... »

L'opération eut lieu, en effet, le lundi 29 juin, et réussit à merveille. Le soir même, je recevais la dépêche suivante : « Opération réussie, dites-le. »

Jusqu'ici M. Piellard n'avait parlé de son voyage qu'à quelques personnes de confiance. « J'aime mieux, disait-il, qu'on ne sache rien dans ma paroisse. » A Laignes, on le croyait à Contrexeville. Quand la dépêche fut connue, ce fut en même temps de la surprise et de la joie, et l'on attendit impatiemment de plus amples détails. Ils arrivèrent trois jours après, tracés de la main même de M. le curé.

« Paris, jeudi 2 juillet 1885.

« Mon cher abbé,

Le rétablissement s'opère, un peu lentement, mais il en est toujours ainsi.

L'opération s'est faite lundi matin, sans l'ombre de douleur, grâce au chloroforme; mais les vingt-quatre heures qui ont suivi ont été des heures de douleurs atroces. A la suite de ces douleurs est survenu un affaissement complet avec mal de reins, mal de tête, défaut d'appétit et de sommeil. Il a fallu combattre tous ces fâcheux effets..... Il faut maintenant se remonter, et ce sera vite fait. Les bons frères disent que je pourrai leur chanter solennellement la grand'messe dimanche. — Dieu le veuille !...

Ma malheureuse pierre était de la grosseur d'une noix ordinaire. Elle était accompagnée de quelques autres plus petites. Le médecin et les frères trouvent que ce n'était pas une opération sérieuse, et qu'elle a été si bien faite que, vue la nature de ma pierre, il n'en reste absolument rien, et qu'elle ne reviendra certainement pas.

Mon grand regret au milieu de tout cela, c'est de ne pas être à votre fête de saint Valentin. Je croyais bien faire en arrangeant les choses comme je les ai arrangées, mais je ne supposais pas du tout, que les antécédents et les conséquents de l'opération seraient aussi longs.

Il y a des esprits bizarres qui seront dans le cas de penser et de dire que j'ai voulu éviter d'être de votre fête : veuillez bien croire, mon cher abbé, que je me reprocherais mortellement d'avoir eu un instant cette pensée.

Je vous donne ici l'indication des messes à annoncer pour la semaine prochaine. Dimanche, il y a Exposition du Saint-Sacrement, à vêpres. En ce cas, j'ai soin de faire brûler aux vêpres des cierges de cire vraie. Je place quatre chandeliers moindres entre les grands, et j'y adapte les quatre cierges de cire.....

Communiquez ma lettre à M. D*** et aux sœurs ; il n'y a du reste plus de secret à garder.

Je rentrerai dans le courant de la semaine prochaine.

Mes amitiés et mes regrets à tous les confrères.

Tout vôtre.

F.-X. Piellard. »

Cette lettre qui nous apportait tant de joie et d'espérance, devait être, hélas ! la dernière, sortie de la plume et du cœur de M. Piellard.

La mission terrestre de ce grand ouvrier de Dieu était terminée; la mesure de ses mérites était comble ; il avait assez souffert et assez combattu ; le labeur pastoral, les douleurs filiales du prêtre, les peines du père de la famille paroissiale l'avaient suffisamment mûri pour le ciel ; l'heure de la récompense était venue, Dieu allait le rappeler.

II

L'opération avait été heureuse, comme il arrive presque toujours en pareil cas, mais les suites ne répondirent point au premier succès. La péritonite se déclara tout-à-coup, et le mal, s'aggravant de jour en jour, donna de sérieuses inquiétudes. Le P. Fornerot qui, chaque jour, venait visiter notre cher malade, fut effrayé de son dépérissement précipité ; il en prévint M. le curé de Poinçon, qui partit aussitôt pour Paris. Le lendemain, M. l'aumônier des Ursulines de Montbard fut également mandé, et c'est de la bouche autorisée de ces deux intimes et si fidèles amis de M. Piellard, que nous avons recueilli ce que nous allons redire le plus simplement et le plus fidèlement possible.

— « C'est avec le plus grand calme que M. Piellard vit approcher le moment où il allait paraître devant Dieu. Ce qui l'affligeait le plus, c'était la pensée de mourir loin de ceux qu'il aimait, loin de ses chers paroissiens. « Si j'étais donc au milieu de mes paroissiens ! », s'écriait-il. Il aurait pu leur dire, comme ce saint prêtre de Laval montant à l'échafaud ; « Nous vous avons appris à vivre; nous allons maintenant vous apprendre à mourir. »

Quand on lui offrit de recevoir les derniers sacrements : « Oh ! oui, j'accepte de grand cœur, que la sainte volonté de Dieu soit faite ! » Il demanda l'aumônier plusieurs fois auparavant, ne croyant jamais sa conscience assez pure ; puis il reçut le saint viatique et l'extrême onction avec laplus grande foi et le plus complet abandon à la volonté de Dieu.

Presque aussitôt après, le délire commença. C'était comme un léger voile qui lui cachait la mort, toujours effrayante pour les saints eux-mêmes, mais qui ne lui dérobait pas entièrement le sentiment de la présence de Dieu. Telle était, en effet, la forte direction qu'il avait donnée à son esprit, que pendant le délire, il s'occupait encore des choses saintes au milieu desquelles il avait passé sa vie. Il récitait pieusement les prières du saint sacrifice qu'il ne pouvait plus célébrer ; on retrouvait son zèle dans les saintes exhortations qu'il adressait à d'invisibles pénitents, et lorsque les prêtres qui l'assistaient lui suggéraient quelques prières, il les achevait avec une vive piété... « *ex abundantia cordis os loquitur*. »

Il était l'édification des frères et des infirmiers, auxquels il obéissait comme un enfant : « nous voyons beaucoup de malades ecclésiastiques et laïques, disait un frère, rarement nous avons trouvé autant de foi et de résignation. »

Il eut pour tous un souvenir, un mot affectueux. Enfin, le mardi 14 juillet, à midi trois quarts, une crise violente mit fin à cette longue agonie. Dans ce moment, ceux qui l'assistaient se jetèrent à genoux ; un crucifix fut déposé sur les lèvres du bien-aimé mourant. Quelques instants après, il rendit doucement son âme à Dieu avec son dernier soupir. Une heure venait de sonner. . . . .

Son corps, revêtu d'un simple surplis et d'une étole violette, fut exposé sur un lit de repos.

Ses traits n'étaient point altérés par la maladie ; son visage, un peu amaigri, réflétait une sorte de joie céleste ; c'était la sérénité du sommeil et cette douce placidité dont l'ange de la mort marque le corps des saints.

L'amitié a voulu recueillir par la photographie cette belle figure, pour donner à tous la satisfaction de pouvoir contempler longtemps ses traits aimés.

III

La mort de M. Piellard ne fut connue à Laignes que le mercredi 15 juillet. Quand le son lugubre de la cloche jeta dans les airs la funeste nouvelle, ce fut un deuil général dans toute la paroisse.

La chambre du regretté défunt fut immédiatement convertie en chapelle ardente, et le vendredi 17, sa dépouille mortelle, venue de si loin, fut conduite processionnellement de la gare à cette demeure deux fois sacrée par le travail et par la vertu.

Nous ne saurions dire le nombre des personnes qui, dans la journée du vendredi et la matinée du samedi, sont venues rendre une dernière visite à celui qui fut, pendant vingt-trois ans, leur pasteur vigilant, sage et dévoué, déposer une couronne sur ses restes vénérés, et surtout acquitter une dette de reconnaissance en adressant à Dieu une ardente prière pour le repos de son âme.

La cérémonie des obsèques eut lieu le samedi 18 juillet, en ce jour auquel avait été fixée pour Laignes la solennité de l'Adoration perpétuelle.

Entouré de plus de cinquante prêtres et d'une grande partie de ses paroissiens, M. l'abbé Piellard rentrait, pour la dernière fois, dans cette vieille église, à la restauration de laquelle, il consacrait depuis longtemps ses propres sueurs et les ressources de son esprit si actif et si ingénieux. Après la messe, qui fut chantée par M. le chanoine Grapin, M. le curé de Châtillon monta en chaire, et trouva, dans son cœur, des paroles touchantes et émues pour redire les travaux et esquisser à grands traits la physionomie si sympathique de cet homme distingué, de ce prêtre dévoué que le diocèse et la paroisse de Laignes venaient de perdre. Bientôt les dépouilles de M. Piellard quittèrent cette église qu'il avait tant aimée. Parents, amis, paroissiens suivirent, mêlant leurs larmes à leurs prières, et quand la terre eût reçu son dépôt, la foule éplorée s'écoula lentement, chacun retournant chez soi, la douleur dans l'âme, en redisant à l'envi les aimables qualités, les vertus, le zèle du digne prêtre qui avait été leur guide, leur ami, leur père.

EPILOGUE

I

En racontant la vie de M. l'abbé Piellard, nous avons voulu en prolonger l'écho au sein de sa famille paroissiale et dans le cœur de ses amis.

Notre intention n'est pas d'imiter les anciens hagiographes, qui avaient coutume, après avoir raconté les actions des saints, de faire méthodiquement l'histoire de leurs vertus.

Toutefois, nous ne croirions pas avoir accompli notre tâche, si nous négligions de mettre sous les yeux du lecteur les traits saillants de cette belle existence qui n'ont pu trouver leur place dans la trame de la narration.

Qui ne connaîtrait M. Piellard que par ce qu'il fit, ne saurait jamais ce qu'il fût.

A le voir, avec sa belle figure ouverte et prévenante, sa démarche assurée, noble et digne sans la moindre fierté, son regard où se lisaient la franchise et la bienveillance, on se sentait invinciblement attiré. C'était, en effet, et avant tout, un caractère aimable et sympathique dès le premier contact : il avait, sous les apparences d'un stoïcisme un peu sec, le cœur ouvert à tous les attendrissements, le commerce très sûr, très agréable, mais l'intimité très difficile et jamais complète.

Ses conversations, par le tour original et spirituel qu'il savait leur donner, plaisaient à tous, et en pleurant l'homme au cœur bon et aux intentions droites, plus d'un regrettera d'une manière particulière, dans la personne de M. l'abbé Piellard, l'interlocuteur familier, agréable, parfois séduisant, toujours délicat et charitable, dont la parole pouvait revêtir toutes les nuances de la plus fine plaisanterie, sans jamais blesser personne.

La charité! voilà bien la vertu par excellence de ce digne prêtre; il aurait pu, comme saint Augustin, faire inscrire sur sa table ces deux vers, qui prenaient par avance le parti des absents contre les attaques des convives :

Quisquis amat dictis absentem rodere vitam,
Hanc mensam vetitam noverit esse sibi.

Aucun de tous ceux qui l'ont connu ne se rappelle, qu'il ait mêlé à sa bonne humeur habituelle une parole tant soit peu piquante. S'il arrivait, qu'en causant avec lui, on se donnât parfois un peu plus de liberté, on était rappelé à la vigilance par un certain air plus sérieux, une réserve plus marquée qu'il revêtait aussitôt.

Un trait particulier présentera au lecteur l'intérêt qui s'attache toujours aux moindres détails, quand ils sont tirés de la vie réelle et saisis sur le vif. « Un jour que le bon abbé Piellard était à ma table, raconte un vénérable ecclésiastique, j'amenai à dessein la

5*

conversation sur différentes personnes dont je fis une critique exagérée. Mon charitable convive, blessé à la prunelle de l'œil, se renferma dans un héroïque silence; son embarras visible semblait demander grâce pour les absents : je cessai le feu, tout heureux d'une défaite qui faisait tant d'honneur à la vertu de mon ami ».

Nous pourrions citer encore à la louange de M. Piellard un grand nombre de traits à peu près analogues; mais la charité, dont nous voyons un si bel exemple, nous impose le devoir d'une sévère discrétion.

II

Sans outrer la vérité, on peut dire que M. l'abbé Piellard fut un curé modèle.

Toutes ses pensées, tous ses efforts n'avaient qu'un objectif : la gloire de Dieu dans le salut des âmes. Il faisait toutes choses sous l'inspiration de cette pensée pastorale. Il était résigné à tout, même à déplaire, pour sauver les âmes qui lui étaient confiées, et dont il aurait, disait-il, à rendre un jour *un compte rigoureux.*

Ses paroissiens savent quels étaient sa vigilance à l'égard des malades et son empressement à les visiter. Il leur portait, avec ses conseils et ses secours, cet aimable enjouement qui, en chassant les sombres pensées, n'était pas moins utile à la guérison de l'âme qu'à celle même du corps (1).

Tout était réglé dans sa conduite ; il avait pris l'habitude de sanctifier toutes ses actions par une pensée pieuse, et n'agissait jamais sans une vue de foi.

Il visait toujours, et en tout, au résultat pratique qu'il s'agissait d'atteindre, ne se heurtant jamais imprudemment à l'obstacle et résistant toujours à l'entraînement de l'humeur pour agir avec la prudence de la réflexion.

1. On a vu M. le curé de Laignes, par un froid rigoureux et la nuit, rester plusieurs heures à la porte d'un moribond qu'il ne pouvait approcher. « Peut-être qu'au dernier moment, se disait-il à lui-même, on viendra me chercher, et je serai tout prêt. »

Il avait, au physique et au moral, plus d'un trait de ressemblance avec Mgr Rivet, et savait, comme lui, posséder son âme dans la patience et dans la paix.

Pour suffire à toutes ses œuvres, à sa vie si occupée, pour résister à toutes les tribulations qui ne lui ont pas manqué, à toutes les angoisses secrètes qui ont déchiré son cœur, il avait, dans sa piété, un trésor inépuisable en ressources et en courage.

Jusqu'à la fin il resta fidèle, comme au séminaire, aux pieux exercices qui font le vrai prêtre ; il était toujours levé à 5 heures, bien qu'il se couchât très tard. Après la prière et la méditation, il récitait son bréviaire, la plupart du temps à l'église où il était toujours de très bonne heure, se tenant à la disposition de quiconque venait réclamer son ministère.

Sa piété se manifestait dans la perfection qu'il exigeait dans les moindres détails du culte. La lampe du sanctuaire, la cire pour le saint sacrifice étaient pour lui l'objet d'une scrupuleuse attention.

Il officiait avec une dignité qui édifiait, et

quand sa voix puissante se mêlait aux cérémonies saintes, on ressentait quelque chose d'extraordinaire, qui imprimait bien avant dans les âmes le respect de la présence de Dieu.

Il fallait que ses souffrances fussent bien vives, pour qu'il se privât de célébrer la sainte messe ; on l'a vu, dans les derniers temps, se roidir à l'autel sous les étreintes d'une maladie opiniâtre. C'est que le culte de la présence réelle était sa première dévotion : chaque soir le retrouvait fidèle à la visite au Saint-Sacrement ; souvent même, le vendredi de préférence, il passait la nuit de longues heures au pied du tabernacle, enveloppé de son long manteau de Jérusalem : apparition suave du recueillement et de la prière qui rappelle saint François Xavier, après les fatigues du jour et les travaux de l'apostolat, faisant de ses visites nocturnes au Dieu de l'Eucharistie, le doux repos de son âme.

III

On trouvait dans M. Piellard un fond de

modestie et de modération qui se manifestait à l'occasion. Les qualités supérieures dont Dieu l'avait pourvu, lui eussent permis d'aspirer à une position élevée ; il n'éprouva jamais ce sentiment. Chargé de la direction d'une paroisse relativement modeste, il ne recherchait aucune dignité plus élevée.

Mgr l'archevêque de Sens, aujourd'hui cardinal, qui l'honorait de son estime et d'une grande affection, voulait le nommer chanoine honoraire de sa métropole ; Sa Grandeur en prévint Mgr Rivet, qui la pria de n'en rien faire, par le motif que dans le diocèse de Dijon il y avait peu de chanoines honoraires, ajoutant qu'il donnerait à M. Piellard une autre marque de sa bienveillance. En effet, à quelque temps de là, Mgr Rivet lui obtenait le traitement de curé de première classe. « Je suis très reconnaissant, écrivait peu après M. Piellard au R. P. Boyer, de ce que Mgr de Sens a voulu faire pour moi, mais j'aime mieux pour mes œuvres le supplément de traitement que la mosette. »

Cet incident fournit un jour à M. Piellard, dans une réunion d'ecclésiastiques sénonais, une répartie pleine de finesse. On lui parlait de la mosette absente : « oui, Messieurs, dit-il, je suis chanoine manqué de Sens et manquant de Sens. »

Il y a trois ans, M. Piellard se trouvait chez M. le comte de Chatellus, au château de Nogent, le jour de l'Adoration perpétuelle dans la paroisse. Un parent de la famille, ayant remarqué les brillantes qualités du doyen de Laignes, quoiqu'il le vit seulement pour la première fois, disait de lui : « Je voudrais être ministre des cultes pour faire du curé Piellard un évêque. » Cet éloge, répété peu après à M. Piellard, le blessa profondément ; pour lui se réalisait pleinement la parole de saint Augustin : « Celui qui me loue me flagelle. » *Qui me laudat, me flagellat.*

IV

M. Piellard vécut et mourut pauvre. Confiant dans la Providence, il vivait au jour le jour, sans souci du lendemain. Il ne connut jamais le luxe de l'ameublement ; ce qu'il avait de mieux, provenait des dons de la reconnaissance ou de la générosité de ses amis et de ses paroissiens. Nommé à la cure de Saint-Remy, il transporta lui-même ostensiblement, les quelques ustensiles qui devaient composer son pauvre ménage, se glorifiant de ressembler à Celui qui disait : « les renards ont leurs tanières, et les oiseaux du ciel leurs nids, mais le Fils de l'homme n'a pas où reposer sa tête. »

Beaucoup se rappellent l'arrivée à Laignes de l'unique voiture amenant tout le mobilier du nouveau doyen, et encore la moitié chargée d'instruments de musique.

Il eut toujours le parfait oubli de tout ce qui est ostentation. La tenue de sa maison était même au-dessous de ce que réclament les bienséances sociales dans un presbytère. Pour parvenir à la modeste chambre qu'occupait M. le doyen, le visiteur devait traverser une vaste salle, transformée en atelier de construction, où s'entassaient pêle-mêle les outils du travailleur et les instruments du musicien ; on lui parlait de ce manque d'ordre, peu en harmonie avec sa condition : « Souvent, répondait-il, un beau désordre est un effet de l'art... »

V

Quelqu'éloge que nous ayons fait jusqu'ici de M. Piellard, quelques qualités de cœur et d'esprit que nous ayons relevées en lui, nous ne l'aurions pas fait connaître tout entier, nous aurions omis l'un de ses prinpaux titres à notre affection, si nous ne rappelions sa fidélité aux devoirs de l'amitié.

Nul plus que lui, en effet, ne fut plus sensible et fidèle à l'amitié.

Un demi-siècle écoulé n'avait rien enlevé à la jeunesse de la fraternelle affection qu'il avait contractée sur les bancs de l'école avec ses condisciples, restés comme lui fidèles à l'amitié, et qui, aujourd'hui, n'évoquent son souvenir que les larmes aux yeux.

Nous avons vu ses relations pleines de charmes avec les PP. de Pontigny; il avait droit de cité dans cette famille religieuse qui le traitait comme un de ses membres.

Les curés du canton de Laignes, leurs confrères voisins du diocèse de Sens, l'entouraient de vénération et de respect; M. le doyen répondit toujours à ces sympathiques avances par l'affection la plus vive et la bienveillance la plus exquise : il était de toutes leurs fêtes, apportant le secours de sa voix puissante pour leurs cérémonies religieuses, et le charme de son esprit pour lenrs réunions récréatives.

Il avait, au plus haut degré le secret de mettre à l'aise et de rendre heureux tous ceux qui vivaient dans son intimité; il accueillait ses vicaires avec une simplicité et une bonté qui captivaient leur confiance; et celui qui vient aujourd'hui apporter à sa mémoire, et déposer sur sa tombe ce dernier témoignage d'une sincère et filiale affection, ne saurait oublier jamais, ni la bienveillance paternelle, ni les aimables prévenances dont il entoura ses premiers débuts.

Son cœur se penchait invinciblement partout où il sentait un appui à son ministère pastoral. Dans nos entretiens intimes, que de fois je lui ai entendu répéter avec un véritable attendrissement, les noms de quelques chers paroissiens, qui étaient ses vicaires du dehors, secondant toutes ses œuvres, et formant autour de lui la famille de son âme, non moins tendre que celle du sang.

Il avait conquis à Montbard, à St-Remy, à Laignes, dans toutes les classes, des affections admirables, auxquelles il avait lui-même fidèlement répondu.

Ces affections l'ont suivi au delà de la tombe. . . . .

. . . .

Me serait-il permis d'ajouter un dernier mot ?

Il semble qu'il manque quelque chose au prêtre, s'il ne porte pas au front, comme son divin Maître, la couronne d'épines. M. Piellard eut la sienne : rien n'a manqué à son diadème sacerdotal.

Il a souffert de la mort précipitée de ses parents, pour lesquels il avait une tendre affection, et de personnes aimées qui lui avaient montré un dévouement sans limite.

Il a vécu sa vie dans les jours difficiles et troublés du XIXe siècle, et il y a souffert dans son cœur si chrétien et si français, des abaissements de sa patrie, et de la persécution dirigée de nos jours contre la sainte Église de Dieu.

Il a souffert, comme pasteur, des égarements des âmes et du manque de caractère dans les gens de bien.

Il a souffert de ses propres souffrances qui enchaînaient son ardeur pour le ministère des âmes, souffrances cruelles qu'il a supportées avec le même calme imperturbable, le même courage qui l'avait soutenu dans les fécondes agitations de sa vie.

Il a souffert des attaques qui s'attachèrent dans les derniers temps à sa personne et à son autorité, parce que le bien qu'il voulait faire pouvait en souffrir.

Il a souffert surtout et longtemps d'odieuses calomnies, lancées par quelques-uns de ces hommes qui nient la vertu chez les autres parce qu'ils l'ont eux-mêmes lâchement abandonnée.

Ce n'est pas assez encore ! L'encens qui tombe dans le feu monte vers le Ciel en nuages d'agréable odeur. Cette âme de prêtre a été jetée dans le creuset de la souffrance ; sous la flamme qui la consume, elle monte en chants de joie, d'espérance et de charité. Visites silencieuses faites au Dieu du tabernacle dans le calme de la nuit, saintes oraisons, élans passionnés, naïves effusions de l'âme, joyeuse de pardonner et de souffrir !... voilà ce qui a fait de ce vainqueur de lui-même un temple où habite le recueillement, un autel où l'immolation est en permanence, un tabernacle d'où la prière s'échappe comme s'il avait fermé les yeux aux choses du temps pour n'entrevoir que les splendeurs éternelles ! . . . .

. . . .

Et maintenant, ô père, ô maître, pardonnez à votre enfant de vous avoir donné, après votre mort, des louanges qui vous eussent fait horreur pendant votre vie. Si j'ai raconté vos vertus, c'est pour glorifier Dieu, qui a fait par vous et en vous, de grandes choses ; c'est aussi, c'est surtout, pour que nous puisions tous dans votre pieuse mémoire un zèle que rien ne décourage, un dévouement qui ne connaisse, comme le vôtre, d'autre limite que la tombe, à tout ce que vous avez le plus aimé et vénéré ici-bas : l'Église, la France, et la vraie Liberté !

Adieu ! nous nous reverrons au Ciel.

TABLE

EN PRÉPARATION :

S. VALENTIN DE GRISELLES

SA VIE ET SON CULTE

par l'abbé A.-F.-M. LAVIELLE

Dijon. — Damongeot et Cie, imp., rue St-Philibert.

www.ingramcontent.com/pod-product-compliance
Ingram Content Group UK Ltd.
Pitfield, Milton Keynes, MK11 3LW, UK
UKHW020929180726
13838UKWH00002B/832